Chaunes

Les temps qui courent

aux poètes français

Chaunes

Les temps qui courent

aux poètes français

ISBN 978-1494715892

www.chaunes-sylvoisal.com

Chaunes (Editeur) *Science meets Poetry* 2
Actes de la rencontre internationale des chercheurs et des poètes à Turin
ISBN 978-2952720038

Chaunes et McGovern (Editeurs) *Science meets Poetry* 3
Actes de la rencontre internationale des chercheurs et des poètes à Dublin
ISBN 978-1481951005

4. **Aux Poètes Français   (titres disponibles sur www.amazon.fr)**

Chaunes   *Variations sur Don Pedro d'Alfaroubeira*
(deuxième édition)   ISBN 978-1475279443

Chaunes et F*** D*** *Tatouage amoureux*
                                          ISBN 978-1477419625

Chaunes *L'étrange sœur de la Nouvelle Espagne*
 Pièce de théâtre (la vie de Sor Joana, poétesse mexicaine)
                                          ISBN 978-1477509791

Chaunes *Lucifer Libéré*
Pièce de théâtre (la vie et la mort de Byron)
                                          ISBN 978-1477587881

Chaunes *Un roi de rêve*
Pièce de théâtre (le règne et la fin tragique de Louis II de Bavière)
                                          ISBN 978-1479275854

Chaunes *Dans le désert fleuri des Temps Modernes*
                                          ISBN 978-1482656107

Chaunes *Chants d'exil*
                                          ISBN 978-1489508218

Chaunes *d'Orient et d'Asie – L'œuvre de Li Tan-Po*
                                          ISBN 978-1490397146

Chaunes *Le noeud chinois*
                                          ISBN 978-1491225905

Jean Berteault Chaunes et Sylvoisal   *Poèmes Odieux*
                                          ISBN 978-1492358480

Chaunes

*Prix José-Maria de Heredia de l'Académie Française
et prix Paul Verlaine de la Maison de Poésie de Paris
Pour l'ensemble de son œuvre, Chaunes a reçu le
Grand Prix de Poésie (prix Victor Hugo)
de la Société des Poètes Français*

*« Tous les arts, comme si leur source
commune avait été empoisonnée, meurent
sans attendre les neiges de la vieillesse»*

(Pétrone)

PREFACE

Les temps ne passent plus aujourd'hui. Ils courent, et même le présent est dépassé.

Or, le poète n'est jamais dans le présent: il oscille entre le passé et l'avenir, comme cette fameuse flèche qui ne peut pas s'arrêter, puisqu'elle a choisi le mouvement.

Mais l'avenir, à force d'être toujours présent et de plus en plus menaçant pour les hommes, finit pas l'obséder : adviendra-t-il, ou n'est-ce encore qu'un autre de ces faux semblants ? Pour le savoir, il n'existe plus de prophète. Depuis longtemps, les augures ont disparu de la scène du monde, balayés d'un revers de main par ceux qui criaient à la supercherie.

Pour savoir ce que sera vraiment l'avenir, la science des hommes est insuffisante. C'est à peine si elle lui suffit pour comprendre assez vaguement ce que fut le passé. En fait, pour connaître l'avenir, il n'y a qu'un chemin, c'est celui de l'intuition. Cette approche divinatoire est la voie artistique : les peintres, en dépassant la réalité, nous annoncent la lumière et la mode de demain. Ils peignent des instants qui empliront le temps et qui se prolongent au-delà du possible.

Le sculpteur invente des formes auxquelles le hommes
et les femmes finissent par ressembler. Lui aussi, en
jouant avec l'espace, finit par triompher du temps. Une
nymphe rattache sa sandale, et dans un instant saisi, se
confond avec l'éternité. Elle courait, mais se figea, et
son mouvement vit encore dans la manière dont elle
s'arrêta.

Le poète, lui, travaille aussi sur le temps, puisque ses
thèmes essentiels sont l'amour, la mort et l'immortalité.
L'amour, on le sait, ne peut durer comme il le devrait,
car la mort y mettra fin, et le seul espoir de le prolonger
au-delà des affreuses limites du raisonnable est d'accé-
der à la vie éternelle. La foi, à travers les tortures du
doute, affirme nous sauver. Mais ce salut inexplicable
fait partie des mystères auxquels l'humanité n'a pas le
droit d'accéder sans mourir.

Le poète propose en fait une alternative à la religion, et
Savonarole en savait quelque chose. Chez lui, il n'est
pas nécessaire de rechercher ce qui existe déjà. Il est en
communication directe avec le surnaturel sans avoir be-
soin de cérémonies ni de messes. Sa voie est différente,
car il navigue dans le passé comme dans l'avenir sans
avoir besoin de s'arrêter au présent.

Pour lui, les temps couraient de toute façon si vite que
le passé, en rencontrant l'avenir, a fini par se confondre
avec lui. Il n'existe plus de présent, car le présent n'était
qu'un instant qui passa comme un éclair, dans un seul
battement de paupières. En fait, le poète n'est pas le
moins du monde troublé par cette grande préoccupation

qui empêche l'homme moderne de trouver le sommeil. Premièrement, il a le temps, car le poète, à proprement parler, ne fait rien : il ne participe pas au monde. Deuxièmement, il n'a même pas besoin du temps, car il ne connaît qu'un ailleurs où les pendules sont arrêtées.

Certains, croyant avoir compris la nature de cet ailleurs des poètes, ont parlé d'immortalité, et les poètes, flattés dans leur vanité bien naturelle, se sont amusés à ce jeu en promettant à leur tour aux femmes de les entrainer vers une célébrité sans fin. Mais ils savaient très bien, même en leur faisant cette promesse, que c'était un marché de dupes. Le temps de la poésie et le temps dans lequel vivent les hommes ne sont tout simplement pas les mêmes. Il est absurde de les confondre, même si cette confusion peut devenir la source de belles métaphores.

En fait, le temps du poète ressemble davantage à celui d'un homme qui entreprend un très long voyage, pendant lequel il ne verra plus qu'en imagination tous ceux qu'il avait connus. Il s'envole vers les grands espaces comme feront demain les astronautes, partant vers des planètes lointaines, condamnés à rester dans leur capsule pendant de longues années. Pour eux, le temps de leur petite planète est aboli. Les jours n'ont plus de sens, les heures, encore moins. Ils naviguent, simplement, et l'inconnu n'a pas d'heure. Mais en revanche, ils ont une destination, un Ithaque qui devient le but ultime ou plutôt le prétexte de leur voyage.

Si le poète évite d'en parler, il se sait lui aussi prisonnier d'une capsule qui est son humanité. Il aimerait faire comme les dieux, qui n'ont aucune notion de l'Histoire et de ce qu'elle pourrait signifier. Le poète, lui, est dans l'obligation de s'y intéresser, puisque son principal mérite est de savoir la traverser.

Il la regarde s'éloigner comme l'astronaute voit se rapetisser dans le ciel ce point lumineux dont il est parti pour foncer dans le noir. Il sait ce qui se passe, là-bas, et que des hommes, devenus plus petits que des fourmis, courent toute la journée sur un globe à peine plus grand qu'une tête d'épingle, où malheureusement pour eux, le soleil se lève et se couche dans une morne régularité.

Parfois, un souvenir de l'époque où il connut ce monde attristant remonte à la surface, et le poète, désireux de consoler les siens, s'empare alors de la lyre pour envoyer à travers les espaces infinis, un message d'espoir en annonçant tout ce qu'il voit de plus beau dans le ciel autour de lui.

Voilà, en quelque sorte, le rôle du poète de notre temps et la fonction de sa poésie : permettre d'accéder à ce voyage.

DA Molchine

Les temps qui courent

Poèmes

Le Temps Jadis, le Temps perdu

J'écris pour que le Temps qui passe
n'efface pas mes repentirs,
Que, linéaire dans l'espace,
il ne fuie pas sans plus finir.
J'écris pour laisser une trace
dans l'océan des souvenirs.
J'écris pour garder une place
à cet instant qui voulait fuir.

Par les mystères fasciné,
j'écris pour chercher l'origine
de ce Temps qui n'est jamais né,
de ce moment qui nous chagrine
où nos rêves assassinés
connurent que le Temps les ruine
et que rien n'est prédestiné.
J'écris pour ceux qui imaginent

qu'il existait depuis toujours,
ce Temps qui tourne dans nos têtes.
J'écris pour l'Eternel Retour,
dans ma cage et comme une bête,
pour que la roue du Temps complète
ce cycle sans issue et pour
que renaissent enfin les fêtes
du Temps perdu de nos amours.

J'écris pour que le Temps répète
de son manège encore un tour.
Je prie pour que le Temps s'arrête.
Je crie du Temps qu'il est trop court.

En guise d'explication

Georges Brassens

La poésie est l'air que tout démon respire,
et sans lequel le Mal serait un orphelin.
Elle est l'impertinence effrénée de l'humain
interpelant ces dieux qui pensent nous conduire.

Elle est la source et le témoin, le feu de l'ire,
la force émue de ceux qui fuient les droits chemins.
Elle est la seule à se permettre de tout dire.
Elle est la voix, ostracisée, des libertins.

Elle est aussi le chant des naufragés, errant
sur l'océan contemporain des temps hostiles.
Elle est la nostalgie des peuples conquérants,

par un soir de défaite, à l'amertume enclins.
Elle est l'amour qui fut. Elle est ruine et déclin
et le jaillissement, désabusé, d'un style.

Le Printemps Arabe

à Madame Kalthoum Ben Hassine

Epouses de Carthage et dames de Syrie !
Je songe avec douleur aux femmes d'Arabie,
aux filles de là-bas, victimes d'infamies,
à leurs voix étouffées ! J'assiste à l'agonie

de celles qui croyaient trouver la liberté,
héroïnes d'un jour du printemps sans été,
trahies par l'Occident ! Je rêve sans fierté
à leur destin que l'Opinion a déserté.

Poétesse à Bahreïn, concubine en Lybie,
voilées sous l'ignorance et sous la tyrannie,
sœurs nées sous les palmiers de monarchies pourries !

Est-ce dans le miroir de leur réalité
qu'il faut chercher au monde une idéalté,
ou bien le déshonneur de notre humanité ?

**Politiquement, ecologiquement
et sexuellement correct.**

Dans ma deuxième vie, serai-je idéaliste
au point d'exaspérer les chevaliers du Bien,
et à quelque indigent laisserai-je mes biens
au lieu de fricoter comme un capitaliste ?

Dans ma deuxième vie, serai-je assez fumiste
pour vivre au jour le jour en ne consommant rien,
pour recycler jusqu'aux déchets végétariens
d'un pur et maigre ermite au cœur écologiste ?

Dans ma deuxième vie serai-je déniaisé
par une féministe ardemment psychopathe ?
Aurai-je avec la Femme un commerce apaisé ?

Ou alors reviendrai-je en apôtre du Mal,
puni pour mes péchés, sous forme d'animal
traqué comme un cafard, ou comme un mille pattes.

Métempsychose

Non, je serai plutôt, je pense, une araignée.
Sans doute n'ai-je pas le choix de l'animal,
mais par contre le choix du lieu n'est pas égal
pour un esthète et un poète. Une contrée

civilisée conviendrait mieux. Permettez-moi
au moins quelque Italie. J'y tisserais ma toile,
heureux sans être Ulysse et sans mettre les voiles
pour voir d'autres pays qui me laisseraient froid.

J'aurais chaque matin des gouttes de rosée
à boire avant le soir et la vue sur Florence.
Mon œuvre à chaque fois serait recomposée
à l'identique et, sans rêver de délivrance,

je recommencerais, toujours rempli d'espoir,
à tisser, en sachant que dans l'ordre des choses
rien ne devrait changer, et je vivrais sans voir
l'étrange maladie rongeant le cœur des roses.

Le détournement de la rose

Je suivrai mon chemin bien au-delà des choses,
disait, en se levant, chaque matin la rose.
Je ne resterai pas coincée dans ce jardin
sans connaître le monde. Il est dur mon destin.

Jadis, je ne durais même pas un matin
et voilà maintenant, à peine suis-je éclose,
qu'on me prolonge en m'injectant une chlorose
qui m'a rendue stérile et me gâte le teint.

Je suis la fleur-fétiche. Un jardinier voyeur
me contemple avec volupté, d'un air lubrique.
Il me met dans un pot. C'est un vrai fossoyeur.

Son rêve est de réduire à la chimie mon cœur
de me muter en monstre au fond d'un réacteur
et puis de me clôner, une fois transgénique.

Consolation aux puristes

Vous qui pleurez encor sur l'état de la langue,
détrompez-vous. La poésie est toujours là.
Il faut sortir les vieux vocables de leur gangue.
Il faut mettre à leur décadence le holà.

Oui, l'école est perdue. Oui, l'étude est exsangue.
Mais sans littérature et sans ses falbalas,
le barde a survécu. Il vit. Le revoilà,
chantant la fin de Troie dans l'univers qui tangue.

Les fins sont un sujet idéal pour la lyre :
Orphée a toujours fait pleurer. Il peint la nuit
en revenant au jour, jadis, qu'il avait fui.

Le tombeau nous connaît. L'épitaphe est le fort
du vrai poète. Après l'amour, il dit la mort.
La fin de l'héroïsme, évidemment, l'inspire.

L'éternel retour
  en demandant pardon aux mânes de Du Bellay

France, mère des arts, des armes et des lois,
Tu nourris l'étranger du lait de tes mamelles,
Et tous ces nourrissons que ta bonté appelle,
Qui au bruit de ton nom saillissent des sous-bois.

Si tu as ces enfants repoussés quelquefois,
Pourquoi donc leur mentir à présent, ô cruelle?
Car tu n'as plus le sou, quelle triste querelle !
Mais nul, sinon Echo, ne répond à ma voix.

Poursuivi par le fisc, j'erre parmi la plaine.
De la Suisse en hiver, je sens la froide haleine.
Une tremblante horreur fait hérisser ma peau.

Las, tes autres agneaux n'auront plus de pâture,
Ceux qui plument l'Etat ont vécu d'impostures.
Si ne suis-je pourtant le pire du troupeau !

Le braqueur sensible

De sa maman, nana intègre
l'exemple le faisait frémir
et, s'il avait rejoint la pègre

dont il devint bientôt l'Emir,
c'est que la Société malade
l'avait laissée dans la panade,

la pauvre dame. Il regrettait
souvent d'arroser de mitraille
des passants, dont on apprenait
après l'honnêteté sans faille

– des petits qu'ensuite il pleurait,
appartenant à la racaille
comme lui. Ça le tourmentait.
Il chialait à leurs funérailles.

Sur Poe et sur Khayyam

à Jean Hautepierre

Edgar aimait la gloire. Il en était friand.
Mieux vaut lui préférer une ombre toujours fraîche,
comme Omar qui allait à la mosquée, fuyant
le soleil, la chaleur et la poussière sèche.

Même alors, la vraie vie n'avait rien d'attrayant :
L'astronome fuyait la lumière et les prêches
et les hommes de Dieu et tous ceux qui empêchent
les autres d'exister. Un jardin verdoyant

lui plaisait davantage. Edgar aurait dû lire
ses vers sur la façon de boire et sur le vin.
Il aurait moins broyé de noir. Apprendre à rire

du monde et de ses vanités, voilà le signe
de la sagesse. Omar buvait, mais restait digne.
Edgar en se saoûlant connut sa triste fin.

Vers une autre conception immaculée

Il est né sans péché d'une cellule souche
et non pas sous un chou – lieu proverbial et louche.
Sa maman dévouée l'éleva *in vitro*
dans un bain sans microbe. Il ne l'aimait pas trop.

Il eut un haut-le-cœur après la mise en bouche
du banquet de la vie ; il finit au bistro.
Auprès d'une nana qui partagea sa couche,
il fit dans l'art d'aimer des progrès magistraux.

Mais elle était mordue des droits des animaux
et lui donna le goût du foie gras de synthèse
à l'ersatz d'Armagnac. Ses nouveaux idéaux

sous forme de gélule ont été convertis.
par les siens. D'une seule amibe il est parti
pour finir en martyre et devenir obèse.

The ship of fools

« Depuis longtemps, le monde est vide
« et même les pays lointains
« dont l'humanité est avide

« n'ont que l'attrait de l'incertain. »
Ainsi marmonnait Barberousse,
pirate bien aimé des mousses.

Quand il prit pied sur *la Céleste*,
nul ne savait qu'il était fou.
Dans le port, on fuyait la peste
et tous les marins étaient saoûls.

« A l'univers coupons le cou,
disait-il, et que rien ne reste !
« Nous descendons tous d'un inceste,
« enfants d'Adam ! Détruisons tout ! »

Le report du Jugement Dernier

Le monde a trop vécu. La planète est usée.
Le Jugement Dernier est en délibéré.
Dieu le Père, indécis. Nos plaintes, refusées,
et Satan sous sa tente en est exaspéré,

car l'Enfer était prêt. La Parque est médusée
elle aussi : « A quoi bon nous avoir enterrés,
nous, les dieux d'origine, et ce Dieu éclairé
sauvant l'humanité l'aurait-il abusée ?

S'il n'y a plus de fin, les Temps sont en désordre.
Ils envient le Serpent, qui au moins savait mordre
sa queue pour simuler un retour éternel.

Lucifer avait fait les travaux nécessaires.
Il avait tout prévu. Même les Immortels
avaient fini par croire à cette fin dernière.

Art poétique sous forme de billet doux

à une écolo

Ma poésie, Madame, est tout à fait durable :
devant l'éternité, elle sera traçable.
Jusqu'à la fin probable de notre univers,
on vous célèbrera en répétant mes vers.

Je les ai dits sans les écrire au préalable.
Je les ai retournés, à l'endroit, à l'envers,
sans gâcher de papier. Poète responsable,
je laisse l'encrier se geler en hiver.

Mes mots restent très purs et sont bien naturels.
Loin de la génétique et de ses hérésies,
ils ont grandi tout seuls et portent un label

d'oligo-rectitude. Enfin, ma poésie,
Madame, est consommable par les immortels,
qui n'ont jamais gobé d'alexandrins sans sel.

Double sonnet sur le mâle responsable

Tu ne boufferas plus que du biologique.
Tu ne pollueras plus autour de ta maison.
Tu ne consommeras que les fruits de saison,
sans transgresser de tabous idéologiques.

Tu ne voyageras pas plus que de raison.
Tu resteras respectueux dans tes liaisons.
Tu ne traiteras pas la femme en domestique
de tes instincts pervers, s'il faut que tu forniques.

Tu ne seras macho, ni fascho, ni raciste,
ni surtout homophobe, et les minorités,
sache enfin les aimer d'un amour pur. Assiste

sans détourner de son chemin la fille-mère,
sans blasphémer jamais contre l'humanitaire,
sans insister non plus sur la virginité.

Tu ne chasseras plus les oiseaux, ni les bêtes
qui courent dans les bois. De l'animalité,
tu te feras le défenseur, et la planète
retrouvera par ta vertu l'éternité.

Tu n'auras plus d'enfants. La collectivité
te devra sa survie. Tu seras un ascète,
un militant pour la biodiversité,
pour la pensée unique et la nature honnête.

Tu renieras ton temps, fils de l'Anthropocène,
bipède au court parcours ici-bas. De la scène,
tu sauras t'éclipser. Tu verras l'ineptie

d'aimer la femme-objet. Tu perdras tes complexes
et tu t'éveilleras, pourvu d'un nouveau sexe,
choisi sur les conseils avisés de ta psy.

Le poison des poètes

Le poète est porteur d'un virus pathogène
toujours mortel mais, par bonheur, peu infectieux
car toute thérapie, jusqu'à présent, est vaine.

Le vecteur en serait un rongeur invisible
à l'œil nu. Sa morsure est néanmoins pénible
il mange l'encre sèche et les papiers précieux.

L'animal réservoir de cette zoonose
est un petit vampire. Il vous suce le sang
puis se cache à l'abri des pétales de rose
dans les jardins où vont les dames en rêvant.

Le rongeur du poème extrait les sucs méchants.
Le vampire à son tour en concentre la dose,
et les belles mordues, sans comprendre la cause
de leur langueur, tournent de l'œil en nous lisant.

La direction du Temps

à la mémoire de Rudolf Clausius

Les dieux nous ont laissé la planète à détruire.
et tout un monde encor debout qu'on ignorait
puis, tous ces pilotis et plus rien à construire.

La post-modernité est le temps des poètes.
Ils passent en rêvant devant cet âge bête
où tout se déconstruit. Comment l'améliorer ?

et pourquoi ? Si le temps perdu ne revient pas,
le monde ira tranquillement vers l'entropie
totale. Autrement dit, il va vers un trépas
mesuré savamment. Aucune thérapie

ne peut changer ces lois. La règle et le compas
les ont précisément cernées et définies.
De leur exactitude, on sait la tyrannie.
Le temps de l'ignorance ne reviendra pas.

La survie de la rime

« *L'abandon progressif et généralisé de la rime*[sic]
aurait-il affecté l'intérêt du public...? »
(Le Figaro Littéraire décembre 2013)

Comme à son rocher, la bernique
sur la rime reste accrochée :
la poésie n'est pas unique
à se montrer si obstinée.

Demandez donc à la musique
pourquoi les danses sont rythmées.
Allez expliquer aux Pygmées
que leur tam-tam lasse l'Afrique ;

ou aux peintres, que leurs couleurs
sont périmées ; aux architectes,
que bâtir était une erreur ;

aux anges, que voler leur nuit.
Voilà nos poètes réduits
à fonder des rimeurs la secte.

Devant Saint Sulpice

Nos rendez-vous à la fontaine
ont laissé quelques souvenirs
aux malheureux énergumènes
peuplant l'Impasse du Désir.

Il en reste toujours qui traînent
jusqu'à la place des Martyrs.
Ils en rêvent, soyez certaine,
les témoins de notre plaisir.

L'époque est aux amours stériles,
à la valise en maroquin
si bien nommée le baise-en-ville

par les dernier rêveurs à faire
honneur aux rite d'adultère,
car rien n'est plus vraiment coquin.

Stances à une femme honnête…

Je vous avais classée parmi les infidèles.
      Pardonnez-moi.
Je n'avais pas rêvé d'une femme aussi belle.
      Voyez mon effroi.

Si vous êtes vraiment celle que vous semblez,
      comment le croire ?
Comment pourrait-on vivre avec vous sans trembler
      pour sa victoire ?

Parmi tant d'abandons, de viols, de trahisons
      qui nous entourent,
comment nous embarquer vers d'autres horizons
      aux temps qui courent ?

Il faudra vous voiler pour vous soustraire au Mal
      que vos formes inspirent
et aux désirs qui font de l'homme un animal
      que la beauté attire.

Ce sera un combat constant contre le vice
      qu'on ne gagne jamais.
Le monde est contre nous. Je serai au supplice.
      Vous aussi, je le sais.

La femme est un trésor si précieux, qu'on épie
        jusqu'au moindre regard
qu'elle jette autour d'elle. Imaginez la vie
        de son amant hagard.

Pour vous garder à moi comment vous cacherai-je
        aux yeux de l'univers ?
Et pour vous retenir de fuir comment ferai-je ?
        Trouverez-vous pervers

de vouloir enchaîner ce rêve dans mon lit
        plutôt que de laisser
vos charmes au grand jour ? Est-ce bien un délit
        de vous cadenasser ?

Susciter de l'amour cette face cruelle
        peut être une fierté.
De quoi vous plaignez-vous si vous êtes trop belle
        pour vivre en liberté ?

Chanson de la joggeuse

Elle avait peur de disparaître.
Un jour, son *look* serait perdu
et, pour guérir de son mal-être,
du stress d'un boulot trop ardu,
elle courait, courait,
par tous les temps, dans la cohue,
elle courait, courait,
sur les trottoirs des avenues.

Elle fuyait le temps qui passe,
avec sa graisse et ses rondeurs,
ses bourrelets qui nous menacent,
avec les maladies de cœur.
Elle courait, courait,
même l'hiver, à demi-nue.
Elle courait, courait,
à contresens dans l'avenue.

Elle fuyait aussi sa mère,
embusquée dans tous les miroirs,
car la beauté est éphémère,
et, pour se redonner espoir,
elle courait, courait,
chaque jour plus éperdue.
Elle courait, courait,
devant elle dans l'avenue.

La gym d'abord et puis la crème
anti-ride... O, malédiction !
Le *lifting* viendra-t-il quand même,
suivi d'autres liposuccions ?
Elle courait, courait,
pour fuir la destinée tordue.
Elle courait, courait,
dans les fumées de l'avenue.

Elle courait, encor fluette,
encor bonne pour les amours,
pour ce mirage aux alouettes
qui nous trompe toujours, toujours.
Elle courait, courait,
dans l'espoir d'etre moins dodue.
Elle courait, courait,
tout au fond de l'avenue.

Elle courait, mais son squelette
apparaissait à chaque effort.
ses côtes faisaient côtelettes,
et son masque, celui des morts.
Elle courait courait
beaucoup trop loin pour être vue.
Elle courait. courait,
bien au-delà de l'avenue !

Le monument du fonctionnaire inconnu
à la mémoire de Jean de la Ville de Mirmont

Celui-ci est un vrai héros,
servant l'Etat, inaperçu
et pourtant devenu très gros :
– bizarre qu'on ne l'ait pas vu.

Mais un jour, il est parvenu,
oublié au fond d'un bureau,
au plus exalté des statuts
– sans doute étions-nous tous miros –

hors cadre, hors pair, hors jeu. Il fut
assidu sans l'être de trop.
Il se fondait même au métro
dans la foule. Il avait conçu

le projet fou de ce tombeau.
Passant, honore d'un salut
ce mausolée étrange et beau
de ce rond-de-cuir inconnu.

à nos amis de là-haut

Sommes-nous seuls sur ce radeau
incapable de dériver ?
Il tourne autour d'un soleil sot
qui lui-même, sans arriver

à rien d'utile ou de nouveau,
a fini par nous énerver.
Sont-ils dans le même bateau
nos frères qui faisaient rêver

les habitants d'autres planètes
et tous ces petits hommes verts
venus voir nos vies désuètes?

Reluquant des nanas la croupe,
ils appréciaient notre univers,
au temps où volaient les soucoupes.

Portrait du poète en astronaute

Exilé sur l'exoplanète
où sa recherche l'a conduit,
il ne voit plus ce qui l'embête,
la source de tous ses ennuis.

Là, il peut être de son temps,
dans un monde plus transparent.

En contemplant de loin la Terre,
si bleue au fond d'un ciel si noir,
il n'en souffre plus. Il espère
peut-être même la revoir.

La nostalgie, parfois, le prend,
de ce passé par trop présent.

Un jour, sans doute, il reviendra
voir ce qui fut notre demeure.
Qui sait ce qu'il y trouvera,
car, depuis que les mondes meurent,

on sait fort bien ce qui attend
ceux qui habitent trop longtemps

le même astéroïde. On sait
que tout se perd, que tout s'épuise,
que les économies qu'on fait
n'y changent rien, que tout s'enlise.

Seuls les mondes sans habitants
font face au destin déroutant

qui nous a grignoté l'espace,
chaque fois qu'on changeait de place.
Un jour, il reviendra, c'est sûr.
Il reverra ces lieux obscurs

jadis peuplés d'êtres contents,
qui consommaient allègrement,

plongés dans la nuit nucléaire
qui assombrit notre atmosphère
et qui précipita la fin
des industries sur le déclin.

Il verra, du Réchauffement,
le musée et le monument.

Plantera-t-il ailleurs sa tente,
notre astronaute ? A-t-il perçu
l'issue fatale et polluante
de sa fuite vers l'Inconnu ?

L'adieu du cosmonaute à la Nature

Il se posa pendant un tremblement de lune,
au beau milieu de la Mer de Désolation.
Il regarda de loin sa planète où chacune
des civilisations était en perdition.

- Voilà, dit-il, comment se termine l'espèce
sans même un Jugement Dernier. Quelle pitié !
On croyait la nature amie, mais elle cesse
brusquement d'exprimer même un peu d'amitié.

- Qu'avons-nous fait pour la vexer, cette marâtre ?
Est-ce pour avoir trop pêché en eau saumâtre,
ou pour avoir pensé, peut-être, ou pris conscience,
ou fait confiance aux découvertes des sciences ?

Il remonta dans sa fusée. Un clair de terre
illuminait le ciel quand il prit son départ:
– Je ne reviendrai plus, dit-il. Je suis contraire
désormais au mensonge, au savoir et aux arts.

Dans l'espace infini et intersidéral,
vers lequel mon vaisseau a orienté son cône,
je chercherai dorénavant d'où vient le Mal,
dont le sens disparu fut longtemps notre icône.

Qu'était-ce donc ? La poésie en était pleine.
On célébrait son culte en ces temps oubliés.
On le disait fertile. Il a réconcilié
l'Homme et la Femme. Ils comparaient à une graine

de plante ses effets sur le corps féminin.
Nous n'en savons plus rien aujourd'hui. La chimie
a remplacé depuis longtemps ce vieux moyen
de fabriquer des descendants. Les maladies

se propageaient ainsi. Les hommes vivaient peu.
Il existait deux sexes qui se distinguaient
nul ne sait plus comment. On se croyait chanceux
d'avoir un coin de terre et certains héritaient

d'un patrimoine. Ils souffraient tous alors de tares
éliminées depuis. Des animaux aussi
habitaient parmi eux en ces âges barbares.
La guerre était partout. On tuait sans merci.

Par bonheur le savoir a repris le relais.
L'humanité n'a plus besoin d'être féconde.
Aujourd'hui nous vivons tout le temps qu'il nous plaît
et nous n'encombrons plus de descendants le monde.

Mais le Mal... Il fallut, hélas, l'abandonner.
Il s'éteignit tout seul, méprisé par les hommes,
rejeté, réprouvé. Il entendit sonner
sa dernière heure et s'en alla avec sa pomme

au fond d'une forêt, suivi par son serpent,
lui qui avait régné sur toute une planète,
il passa de ce monde à l'autre tristement,
oublié par les siens, sauf par quelques poètes.

L'âge d'or

Luisantes, les locomotives
s'élançaient jusqu'à l'autre rive

d'un continent sans horizon,
rempli d'Indiens et de bisons

Les machines donnaient le la
à l'univers de ces temps-là.

Ils rêvèrent nos pauvres pères
aux paresseux, vivant prospères.

Le travail n'y sentait pas bon,
plus sale encor que le charbon,

et la vapeur montait au ciel,
où les banquiers faisaient leur miel.

C'était l'époque où les rentiers
faisaient vivre le monde entier.

On bâtissait, tout en métal,
le temple du Grand Capital,

en arabo-néo-gothique,
en mégalo-monolithique,

en façades restées mythiques,
en colonnades à l'Antique,

en verrières et en portiques,
en bars en bouges en boutiques,

en Asie et en Amérique,
et jusqu'au fin fond de l'Afrique...

On apportait aux indigènes
notre culture hétérogène,

avec la Bible et les bonbons
et les Gaulois dans le Gabon,

plantant le café ou la canne,
et la Culture et les platanes,

tout en exportant des canons
et tout ce que nous condamnons.

La fermeture des Hauts Fourneaux

Je les ai vus partir, ces grands barbares blancs.
Ils avaient tout bâti, les fourneaux et les mines
et jusqu'aux temps présents Tout garde le relent
de leurs fumées dans le brouillard et dans la bruine.

    Ils fabriquaient le modernisme,
    et la puissance et le progrès,
    pour le surhomme qui viendrait
    jouir un jour du gigantisme.

Ils ont œuvré au Walhala des grandes forges.
Au bruit de leurs marteaux les animaux ont fui.
Les saisons ont cessé. Le blé, l'avoine et l'orge
ont péri tour à tour, tout autour de leurs puits.

    Ils ont abandonné les sources,
    dont la couleur avait changé.
    Jusqu'aux étoiles, dans leur course,
    se sont enfuies vers l'étranger.

Et puis, ils sont partis un jour, parmi les ombres
qu'ils ont laissées debout d'énormes cheminées.
Leurs villes ont vécu. Quelques vagues décombres
affleurent une terre qu'ils avaient minée.

       Leur pollution a infecté
       l'air et le vent, même la pluie
       qui tombe en longs cheveux de suie
       sur les hangars désaffectés.

Je les ai vus passer. Un jour ils sont partis
en laissant derrière eux de grands tas de ferraille
et ces musées où maintenant il faut qu'on aille
pleurer sur le passé dont le Nord est sorti.

       En bas d'une montagne noire,
       ils ont sonné leur ralliement,
       une sorte de glas sans gloire,
       dont la fin s'éparpille au vent.

Nous en ferons le deuil, de leurs vastes machines.
Aux portes de l'enfer, ils nous les ont laissées.
et, sur ce beau désert de fer, le feu décline
d'un soleil glauque entre les roues encor graissées.

       Elles cacheront pour longtemps
       le ciel à tous les habitants,
       dans ce qui reste de la plaine
       où persiste une vie humaine.

Les citoyens lambda honorent le passé,
en défilant sous leurs drapeaux au son des cuivres.
Ils iront au charbon, mais désormais sans suivre
leurs aïeux jusqu'aux fonds poussiéreux et glacés.

> Et le soleil retrouvera,
> dit-on, ses couleurs d'astre fauve.
> Dans un ciel barbouillé de mauve,
> peut-être qu'on le reverra.

Il tournera toujours dans le ciel, celui-là,
en se foutant de nous. Il voyait Attila
tournoyer comme un fou autour de la planète,
du temps où le Barbare était encore honnête.

> Même quand on ne le voit plus
> à travers nos fumées toxiques,
> son chemin n'est jamais conclu.
> Sa précision est mécanique.

Il voit sans regarder. Il regarde sans voir
les ruines de la mine où survivait l'espoir.
Dans un proche avenir, aussi, il le verra,
le chantier des musées qu'on y déterrera.

La noblesse du Clodo

La dignité dans le malheur étant son fort,
il fixait l'inconnu sans ressasser son sort,
en remarquant autour de lui les êtres tristes
avec détachement, comme font les artistes.

Du fleuve de la vie, il arpentait les bords,
les quais du seul métro qui lui servît de piste,
et sur la ligne dix, pour attendre la mort,
il marchait sans relâche en homme qui résiste.

Il défendait le droit de vivre sans rien faire,
sans obéir, sans se plier. Dans son combat,
il n'attendait pas plus la fin de la misère

que les consolations des charités publiques,
mais parfois sur les murs rédigeait des répliques
au monde tu Travail aux Lois ou à l'Etat.

Heptine

Au pied d'une vieille usine,
au sein d'un quartier qui craint,
devant une belle ruine,
il prit sa vie par la main.

Au sein d'un quartier qui craint,
dans la Cité clandestine,
il prit sa vie par la main,
sans blues, sans humeur chagrine.

Dans la Cité clandestine,
privée de tout lendemain,
sans blues, sans humeur chagrine,
en voyant passer les trains.

Privée de tout lendemain,
des beaux jours qu'on nous destine,
en voyant passer les trains,
sa vie parut plus mesquine.

Des beaux jours qu'on nous destine,
il vit que l'espoir est vain.
Sa vie parut plus mesquine,
le parcours trop anodin.

Il vit que l'espoir est vain,
des destinées citadines.
Le parcours trop anodin
en épave se termine.

Des destinées citadines,
il résuma le refrain.
En épave se termine
le graffiti du destin.

La mort du SDF

Il ne répondait plus qu'au nom de clopinard,
ayant paumé dans l'abri-bus près de Sarcelles
son outil de jadis, le piano à bretelles,
gagne-pain des beaux jours quand il était veinard.

Il s'était rabattu depuis sur le pinard
et la malédiction des classes criminelles,
des banquiers, des bourgeois et des derniers fêtards
qui passaient près de lui, en foule solenelle.

Sans le savoir, en défilant près de ce banc
où il quitta ce monde, hirsute et angélique,
ils l'ont accompagné dans ses derniers instants.

Il menaça du poing les dieux du Capital
et tous les profiteurs qui lui voulaient du mal,
puis ouvrit son esprit au coma éthylique.

Le nostalgique

Sur le mur, il grava un fragment de culture,
resté depuis l'enfance au fond de son cerveau,
un fragment, surnageant parmi les épluchures
et les débris d'un monde abîmé sous les eaux.

Une Atlantide où la mémoire était plus pure,
où l'on se souvenait de la littérature,
où les plus grands génies n'étaient pas sans rivaux,
avant la crise, qui livra tous les travaux

humains au grand dérèglement de la nature.
Il se souvint. On volait au plus haut niveau,
alors. L'homme était roi. Parmi les créatures,
il trônait au-dessus des autres animaux.

Il se souvint du temps de la fleur qui ne dure
même pas un matin. C'était une imposture,
évidemment. C'était bizarre, et c'était beau
avant. – Même l'amour est parti à vau l'eau,

se dit-il. De ses fleurs, feuilles et fioritures,
des branches et des cœurs qui battaient, des vitraux
pleins de héros voués à la déconfiture,
que reste-t-il De l'esthétique et quelques mots !

la rosace aux rayons décorés de sculptures,
le style et les objets périmés, les moulures
et tant d'efforts réconfortants qui tiennent chaud,
avec Clovis, Roland, le cor et Roncevaux

Debout sur la planète environné d'ordures,
arrachant un vieux clou rouillé d'un soliveau,
il se souvint de tout et grava ces injures
au bon sens, mettant fin ainsi aux temps nouveaux,

sur un mur en béton qui restait. « Cela dure
« depuis longtemps » dit-il « A la fin rien ne vaut
« l'honnêteté. Tirons un trait puisqu'il le faut
« sous ces derniers lambeaux de l'humaine imposture.

« Une comète énorme arrive, dont l'allure
« est menaçante. Est-il temps de crier bravo
« au hasard qui créa notre espèce ? Il nous vaut
« au moins l'honneur de préparer sa sépulture. »

Puis la météorite apparut. Le pivot,
le point d'appui des destinées, des vies futures,
vaporisé éclata dans la nuit obscure,
détruisant le tombeau de l'homme et son caveau.

Les ultimes fêtards

Bientôt nous le verrons disparaître, ce monde
et la Culture avec, et les autres foutaises,
comme tout ce qui fut inutile et balaise.

Au marché, les vieux schnocks ont troqué leurs bouquins,
en parlant une langue héritée du latin,
qui passait autrefois pour sublime et féconde,

et le reste a dansé en boîte sur des airs
venus d'ailleurs, de n'importe où, sans harmonie
surtout, en assénant des coups de batterie
sur les tympans, pour voir jusqu'où iront les nerfs.

Ils ont dansé pour dépenser plus d'énergie,
et nous ferons tourner la planète à l'envers
en nous shootant, et les émirs, de leurs déserts,
inonderont d'or noir notre rave-partie.

Hic Jacet Utopia

Avis aux Pères dirigistes !
Nous autres post-idéalistes,
ayant survécu au Progrès,

nous n'admettons du modernisme
que des des sursauts sans symbolisme
dans les marchés. C'est sans regret

que nous laissons voguer l'Histoire,
au hasard de ses aléas,
à travers une mer à boire,
pour les optimistes béats.

Depuis` le grand trou de mémoire,
où rien du tout ne se créa,
nul ne sait ce qui suppléa
aux paradigmes illusoires.

Et quant au rayonnement...

Avis aussi aux Cultureux,
qui nous traitent de sulfureux
et nous taxent de suffisance !

La société est en repli.
Notre destin est accompli
et le bonheur a fui la France.

Nous sommes en déconfiture,
ou même en décomposition.
Nous profitons des traditions
à brader, tant que cela dure.

Le tourisme et l'immigration
nous sauveront. De sépulture,
ne resteront que des ordures
pour ensevelir la nation.

La mort d'un siècle

Puis, aux gardiens de nos musées
dans les Cités désabusées,
qui rêvent d'un meilleur destin,

rendons honneur. Tout seuls, ils tiennent
le temple, et nous sonnons le glas.
Les citoyens, qu'on s'en souvienne,
devant le Beau, pressent le pas.

Ils en ont peur et s'en abstiennent.
Ce qui persiste on n'en veut pas.
Il faut que rien ne se retienne,
que l'instinct tire vers le bas.

Le siècle est mort, et il repose
auprès du spectre de la rose
et des arts dont on voit la fin.

La fin des chansons

Où sont les chansons de l'enfance,
de l'aube de l'humanité,
qu'on fredonnait encore en France,
depuis toute l'éternité ?

Où est le temps où les enfants
se contentaient d'amis fidèles,
où l'ennui suivait en rêvant,
l'éducation sempiternelle,

où les ados buvaient de l'eau,
où les prêtres parlaient latin,
où l'on craignait d'être prolo,
ou de fréquenter les putains,

où l'on parlait de l'Algérie,
du Général et de Phlimlin,
et d'une société pourrie,
que redresserait le Kremlin ?

La vie faisait moins peur aux hommes.
On admirait moins les fripons.
On ne connaissait pas la comm'.
Le racolage était moins con.

On se plaignait moins du destin.
Les lendemains restaient lointains.
L'adultère était clandestin.
On échappait même aux crétins.

La cybercervelle

Elle sera bien la dernière
dont notre monde aura besoin.
Seule à briller de ses lumières,

clignotantes et régulières,
tournoyant sur la terre entière,
en calculant toujours plus loin,

elle aura pour l'humanité,
si simple et si superficielle,
des affinités essentielles,
malgré sa froide probité.

De la pensée par trop partielle,
elle affranchit l'identité.
Saluons-là, c'est mérité,
l'intelligence artificielle !

Méditation orwelienne

Notre avenir n'est plus ce qu'il fut autrefois.
Le futur évolue. L'horizon de l'histoire
l'a réduit à un trait. Nous cheminons sans gloire
vers une fin sordide. Où est-il, l'homme roi

de la nature ? Où est cette confiance en soi,
cet orgueil d'un destin unique et la mémoire
qu'un monde fut créé pour nous ? Comment y croire,
après le radotage enfantin de la foi ?

L'aventure est finie et fait partie des mythes.
Le monde de demain est promis aux termites
qui sauront digérer nos restes de béton,

quand nous aurons brûlé notre dernière école
et mis le point final au dernier abandon,
celui du sens, qui persistait aux Temps Frivoles

Méditation nietzschéenne

Nous entrons derechef dans la voie sans issue
des bêtes survenues sur la planète nue,
cherchant si sans témoins le hasard s'exprimait.
dans une création qui déjà s'abîmait.

Tout se peut, mais plus rien n'arrive désormais
qui tienne du miracle ou d'une fin voulue.
Les dieux nous ont quittés. Notre histoire est vécue
Les instincts nous gouverneront seuls. Tu aimais

jadis le gai savoir, mais il est inutile
de penser, si l'idée ne peut être fertile
en destins. Il faut donc apprendre à s'en passer.

L'esprit a eu son temps. Ne restent plus au monde
que prédateurs et pollueurs. Notre passé
n'est qu'une parenthèse et le reste est immonde.

Méditation darwinienne

A quoi sert la conscience ? Est-elle un accident
de notre espèce ? A-t-elle un rôle d'ornement,
comme la plume ou bien la crête – un accessoire
à la reproduction de l'homme ? Où est la gloire

de posséder ce petit plus trop évident,
dont une évolution bizarre et sans histoire
a paré par hasard un jour notre mémoire,
au détour d'un destin – on le voit bien – dément ?

A quoi bon posséder la faculté du rêve,
si même de rêver n'apporte aucune trève,
dans cette course infinie vers l'inanité ?

A quoi bon s'exprimer ? A quoi sert la parole,
si jamais nous ne disons que des vanités,
emportés par la fuite en avant toujours folle ?

à une dame trop travailleuse

J'allais vous inviter, belle amie, sur mon île,
où l'arbre de Judée porte toujours des fleurs,
où la course effrénée de nos vies inutiles
        s'arrête aux jours tranquilles
        et aux temps sans douleur.

Au large d'Utopie, dans une mer d'azur,
elle est partie sans but, mon île, à la dérive,
loin de nos continents qui vont droit dans le mur,
        loin de l'idée nocive
        d'un paradis futur.

Ulysse y séjourna. Circé l'avait conquise
en promettant aux habitants que tout travail
serait banni. C'est l'île où les vaisseaux s'enlisent,
        là, que le fils d'Anchise
        perdit son gouvernail.

On n'entend sur la grève aucun bruit de machines :
la voix de l'Océan rugit pour les chasser.
Si par hasard des fous prétendaient y passer
        pour monter une usine,
        on saurait la casser.

De nuit comme de jour, les dieux de la paresse
protègent les amants contre la satiété.
L'ennui les réconforte. Aucun souci ne laisse
        filtrer dans leur ivresse
        quelque contrariété.

Le commerce y est nul, la beauté y prospère
et les anges d'en haut descendent nuitamment,
armés d'épées de feu, quand on les exaspère
        en parlant de misère
        au lieu de sentiments.

Là, tous les fruits sont murs, la rose est sans épines.
L'air y est toujours pur, les arbres, toujours verts.
La femme est affranchie de toute humeur chagrine
        et à l'amour s'incline,
        l'été comme l'hiver.

J'allais vous inviter, si l'étrange lubie
qui vous prit de bosser seulement vous quittait.
Belle amie, quelle idée, ce goût de l'industrie !
        Je rêvais d'une vie
        où je vous invitais

dans mon île, où je sais que vous seriez heureuse,
loin du bagne auquel il veut vous habituer
– ce mari sans couleur – loin d'un destin de gueuse
        qui vous rendra affreuse,
        si vous continuez…

Songez que la passion est l'arme du poète.
Elle apporte le jour dans un univers noir.
Cédez à l'émotion : votre vie incomplète
        n'a été qu'une quête
        de ce dernier espoir.

Sans rime ni raison

Epuisée par les symbolistes,
et Mallarmé le fantaisiste,
et Laforgue et tous les fumistes,
voire en plus les surréalistes,

enfin la rime a disparu...
Et dire qu'on y avait cru !
Quelques chanteurs, très incongrus,
en créaient même de leur crû.

Ils se prenaient pour des esthètes
pour des génies, pour des prophètes
ou, pire encor, pour des poètes ...

Seul le public, *coquin de sort*,
fredonne leurs chansons encor,
qui parlaient d'amour et de mort.

à Sète

Les deux derniers

Je croyais être le dernier,
mais un lecteur m'avait suivi :
- Que fais-tu donc là, mon ami,

normalement dans son grenier
le poète est seul maître a bord …
Mais ce lecteur était très fort.

Il me dit : je suis l'animal
le plus menacé de ce monde.
M'abandonner serait très mal

Pense à Noé pense au déluge.
Tu as bien vu monter cette onde
qui nous emportera. Le Juge

devant lequel tu paraîtras,
croyant avoir bien mérité,
sur mon sort t'interrogera.

Il te dira : « Quel est cet autre
« qui suivait sans savoir pourquoi
« tes paroles comme un apôtre ?

« Tu laissas ton lecteur en mer
« Les prophètes dans leur désert
« ont clamé seuls la vérité.

« Où l'as-tu perdu ? Où est-il
« S'il t'a connu, c'est grâce à Moi
« Car ton discours n'est que babil. »

Le temps et l'espace

Vers le soleil levant j'ai fui
ce monde devenu trop moche
mais c'était la mauvaise approche
de l'Orient. Le soleil ne luit

que rarement sur des voyages
qu'on fait pour remonter le temps.
Mauvais calcul, mauvais présage.
Il faut partir déjà content.

Le temps n'est pas comme l'espace
qu'on peut retrouver comme avant,
et celui qui change de place
se retrouve toujours devant.

Nos Politiques

Ils nous ont mis dans la panade,
ces élus dont on parle tant.
Ils nous racontaient des salades,
et Bibi suivait en chantant.

Maintenant, c'est la débandade
et tout le monde est mécontent.
Le pays est tombé malade.
On dit que c'est dans l'air du temps.

A tous les coins de rue, on brade
ce qui reste de nos printemps.
On dit que ce climat maussade
risque encor de durer longtemps.

Je te propose une escapade
vers le monde de nos vingt ans.
Nous irons faire une ballade
dans ce passé qu'on aimait tant.

On prenait à la rigolade
ceux qui parlaient de mauvais temps.
Le monde alors était moins fade,
et tout allait tambour battant.

Le poète inconnu

O poète inconnu, qui méritait la gloire,
mais qui dort ignoré au fond de ton histoire,
toi que la destinée enterra sous le nombre,
reviendras-tu un jour de la danse des ombres?

O poète inconnu, que le monde oublia,
dont la langue a vieilli, le destin t'allia
à la ronde obligée des bals de l'être humain
qui tourne sans espoir de meilleurs lendemains.

De la valse infinie des noms sur les grimoires,
de la polka piquée de nos trous de mémoire,
du gallop effréné du temps sur les décombres,
du branle en contre-bas des journées les plus sombres,

sauras-tu ramener la Muse par la main
et de la renommée découvrir le chemin,
sans écouter Procuste qui te supplia
de rester sur son lit où le sort te lia?

Ou bien dormiras-tu près de la sépulture
où nous irons ensemble enterrer la Culture,
périmée comme on sait, et la Littérature

au fond d'un terrain vague où un tas de gravats
signalera leur fosse? Est-ce ici que creva
le Poète Inconnu auquel Vigny rêva?

Cette immortalité qu'on croyait pure et dure
reconnais-tu enfin qu'elle était imposture
fruit de la vanité de l'humaine nature?

O poète inconnu l'oubli tu le bravas
mais tous seront égaux dans l'ultime java,
sans tambour sans trompette, au delà des vivats.

sur un thème de Fernando Pessoa

L'Universel n'est plus de saison. Il s'effrite.
Le temple des Nations accordées par la foi,
par le progrès, par la culture ou par les mythes
n'est plus qu'un rêve. Et sur les mers, en désarroi

les nations n'errent plus. L'explorateur évite
les continents nouveaux. Aucun peuple ne croit
au bonheur de l'ailleurs. L'océan trop étroit
n'abrite plus d'espoirs. La planète est petite.

Nous ne connaîtrons plus une Europe française.
Les Grecs et les Romains avaient fermé la mer.
La seule à être ouverte est la mer portugaise
où les bateaux perdus ont coulé l'univers.

Corruptio romana

"O tempore, O mores !"

Porter la toge était signe qu'à l'âge adulte
on saurait accomplir tous les rites sacrés,
la République étant l'unique objet de culte.

Mais à présent il n'en est rien. Les sénateurs
oublient que la vertu fut leur valeur unique,
aux yeux des citoyens, dans les guerres puniques.
Les plis de la Prétexte en gardaient le secret.

Où est le temps de Regulus et des Censeurs,
quand le premier venu est nommé empereur ?
L'éloge d'un cheval occupe un orateur,
pendant qu'un affranchi rédige les décrets…

Avec des gladiateurs les matrones forniquent.
De nos Pères Conscrits, les discours sont incultes.
Et pourquoi pas siéger, dans ce cas, en tunique ?

Addendum memorandum

Dans le tepidarium où j'étais avachi
à voir passer le temps, la joueuse de flûte
m'a parlé d'un poète – un esclave affranchi,
comme elle débarqué des rives de l'Attique.

Il fait parler les animaux. C'est dramatique
qu'on perde les sujets des poèmes antiques
pour raconter n'importe quoi. Dans notre chute,
les Grecs ont toujours fait tomber nos monuments.

Notre virilité offense énormément
leur vanité, et c'est pourquoi, impudemment,
un successeur d'Homère anime les juments.

Où va la poésie ? et qu'en dirait Catulle ?
Est-ce honnête ? Est-ce bien, dis-moi, mon cher Tibulle ?
Les muses de nos temps sont de plus en plus nulles.

addendum aux *Regrets*

La France est devenue ma terre de souffrance,
mon pays déchiré, dont on dit qu'il est fou,
qui condamne les siens à une vie d'errance.
La France est le pays où l'on coupait les cous.

La France est la nation de toutes les outrances,
mais celle aussi où le bien-être est le plus doux.
La France est un pays empreint de suffisance,
qui allie despotisme et gouvernements mous.

Quand à la Belle Epoque on dansait la java,
Marianne écrasait les cœurs sous ses bottines ;
de vie, d'art et d'amour la patrie se gava.

On oubliait Sedan, Waterloo, la Terreur
et l'âme d'un passé dont on sait la noirceur,
les temps de Thermidor et de la guillotine.

L'Ancien Régime

Sous un arbre, jadis, le roi rendait justice.
On pendait les voleurs. On extirpait le Mal.
Les couleurs d'une dame, on les portait en lice.

Les gueux restaient chez eux. La France était honnête.
Une Artémis à demi-nue sur son cheval
n'aurait jamais été la reine de nos fêtes.

On parle des putains qu'a le roi dans sa couche,
de ses châteaux pour rien et de ses frais de bouche,
on dit que la folie, hélas, a trop duré.
Notre avenir n'est désormais plus assuré.

De notre monarchie se racornit la souche
Il nous ramène en plus une maladie louche
d'Italie. Le pays soyez-en assurés
finira gouverné demain par les curés.

Bonnes nouvelles

Bayard nous a trompés en aimant l'Italie :
à quoi bon Marignan pour tout perdre à Pavie ?
Les dames vont vouloir racheter notre roi
et le Grand Argentier se demande avec quoi.

Il paraît que la France et le démon s'allient
et que notre pays au mépris de la Foi
en appelle au Grand Turc. Dans son château de Blois
la reine tient conseil. Les langues se délient

La Loire a débordé. Les Protestants appellent
les Anglais au secours. Ils sont dans La Rochelle.
L'Espagnol nous assiège et le vin est mauvais.

La peste est annoncée. On brûle des charognes.
Le seul espoir dans cette impasse est désormais
porté par les épées des cadets de Gascogne.

La naissance du Grand Siècle

Je songe au grand dadais que fut Monsieur le Prince.
Par la mordiou ! J'en ai rêvé toute la nuit.
Nous avons mis à feu et à sang la province.
Dès le petit matin, le Mazarin a fui.

Mais n'imaginez pas pour si peu qu'on l'évince.
Il est le vers qui ronge et pourrit notre fruit.
Il est trop corrompu pour partir. Il poursuit
le chemin des coquins, que jamais on ne pince.

En calculant, en répandant leur petitesse,
ces ministres sournois imbus de leur pouvoir
auront toujours trahi le peuple et la noblesse

qui marchaient vers la gloire ensemble, avec panache.
Mais nous l'équarrirons s'il le faut, à la hache,
la France. Il faut lui rendre à nouveau de l'espoir.

Les Grandes Demoiselles

Par bonheur, la Chevreuse avec la Longueville
sont venues nous sauver des griffes des gredins,
et puis Mademoiselle, ambusquée dans la ville,
a tiré au canon sur tous ces assassins.

Bergères de l'Astrée, de ce vilain reptile
qui gouverne la France avec tant de dédain,
libérez-nous ! Donnez le sceptre aux paladins,
au Grand Cyrus, à Marcillac, à Bouteville,

à n'importe lequel de ces Grands qui s'amusent
en assiégeant le Louvre ! En l'honneur de Gondi,
nous ferons feu des toits à grands coups d'arquebuse...

Depuis longtemps Paris n'est plus qu'un corps malade.
Il est temps d'ériger de belles barricades.
Il a assez duré, tout ce salmigondis.

l'Occupation

La France fut alors aux pieds d'un Maréchal
dont l'histoire a pourtant quelques échos qui clochent.
Il est sorti vainqueur, d'abord, contre les Boches
à l'aide du Poilu – ce bizarre animal,

qui combattait dans des terriers. Héros très moche,
il aimait la gadoue de son pays natal,
et quant au général, qui n'était pas fantoche,
il faisait fusiller ceux qui se tenaient mal.

Sous son képi doré aux feuilles d'un vieux chêne,
il assuma de la nation le déshonneur
quand du char de l'état ne restaient que les rennes.

Son buste est au placard, avec le linge sale
qu'a porté Marianne au temps de ses malheurs.
Surtout n'y touchez pas: il apporte la gale.

la Libération

Un autre général prit enfin la relève
qui ne combattait pas, car il n'était pas fou.
Il savait composer les discours qui élèvent
pleins de ces mots vibrants dont nous avons le goût.

Sa voix portée par les grésillements vers nous,
par les ondes venue, nous inspirait des rêves.
on résistait secrètement. Les bons élèves
l'avaient deja compris : leurs parents étaient mous.

Son nom prédestiné faisait battre les coeurs.
Il nous a libérés en incarnant la France,
nous gardant une place à côté des vainqueurs.

Eût-il été petit, nul ne l'aurait suivi,
mais, par bonheur pour notre histoire, il était grand.
Il sut parfaitement profiter de la chance.

Un conte

La Princesse s'est endormie
dans l'épaisse forêt du Mal,
où seul pénètre l'animal,
pour ne rêver que d'infamies

pendant cent ans – cycle infernal
où la sorcière, son amie,
la livra au désir brutal
du démon de sa sodomie.

Elle a connu le viol, l'inceste,
les fellations et tout le reste,
dans son sommeil paradoxal.

Et puis le Prince avec délice
la délivra – mais non sans mal –
de l'océan profond du vice.

Sur une liaison moderne

Ils n'eurent pas beaucoup d'enfants,
ou ils n'en eurent pas du tout.
Ce n'était plus dans l'air du temps.
Ils s'étaient donnés rendez-vous
non par goût, mais par inertie,
pour donner un sens à leurs vies,
pour se connaître et pour s'unir
sans s'engager pour l'avenir.

Ils n'eurent pas de descendants.
Cela simplifie leur parcours.
Ils s'épuisèrent cependant
dans les positions de l'amour,
afin que leur biographie
malgre cela fût bien remplie,
très librement il faut finir,
sans s'engager pour l'avenir.

Libérés de progéniture
par les progrès de la science
ils respectèrent la nature
en échappant aux conséquences,
à tous les pièges de l'envie
d'éternité et de survie,
à ces pulsions qu'il faut bannir,
sans s'engager pour l'avenir.

Sans sacrifier la libido
d'une animalité tenace,
sur un site en cyberespace
ils en postèrent les photos.
Ainsi la trace en est suivie
par tous ceux qui en ont envie
Ont-ils satisfait leurs désirs
sans s'engager pour l'avenir ?

Les mauvais anges sont contents
les biographes en dévoilent
tous les details compromettants
très accessibles sur la Toile.
Les nouvelles technologies
permettent de vivre sa vie
librement et dans le plaisir
sans s'engager pour l'avenir.

Princesse ne soyez pas contre
la quête du Prince Charmant
sur tous les sites de rencontre.
Prenez-le d'abord comme amant
C'est plus prudent de pressentir
sans s'engager pour l'avenir.

Rimes d'autrefois

Du temps, belle Marquise, où votre teint de rose
d'amour faisait mourir même les chérubins,
du temps où l'on vivait des arts l'apothéose,
quand la France était riche et la messe en latin,
quand on tirait l'épée dès le petit matin,
        quand l'or se relevait en bosse
                sur les carrosses
                du gratin

on connaissait les règles de la prosodie,
on disputait des mots et de leurs synonymes,
on savait s'en servir joliment, *quoi qu'on die*,
les dames recherchaient l'émotion du sublime,
        au salon régnaient les maximes.
        on adulait les orateurs,
        les petits marquis, pour la frime,
                jouaient les auteurs.

On savait distinguer les effets de leurs causes.
Ce qui n'était point prose alors était en vers.
Ce qui n'était point vers, hélas, n'était que prose
et si l'on s'avisait d'une métempsychose
qui mélangeât les deux, le monde avec dédain
        eût condamné l'ignoble chose
        à comparaître, à peine éclose,
                devant Monsieur Jourdain.

La poésie sans pieds, sans rime et sans charpente
qu'on veut nous imposer comme un acte de foi
n'avait pas cours alors. Les amants, les amantes
correspondaient en vers. Les sonnets faisaient loi
et la moindre bourgeoise ou même sa suivante
            s'attendait à un madrigal,
            quitte à s'offrir à un rival,
                  en ces temps d'autrefois.

On avait du bon sens. On respectait les maîtres.
On savait vaguement ce qui s'était passé
aux siècles précédents. On cherchait à paraître
moins sot, sans ignorer quelques chemins tracés
            par les Grecs et par les Romains.
            On suivait quelques vieux chemins
                  sans être embarrassé.

Maître François Villon, premier roi de la rime
donna son *Testament* en sortant de prison.
La poésie sans rime après lui est un crime
qui mille fois mériterait la pendaison.
Contre son inventeur mon cœur est endurci,
            même s'il est la première victime
            d'un tel acte de déraison :
                  ses chansons, dans l'abîme,
                  ne connaîtront qu'oubli.

La vie vraie

Juste après le dernier rideau,
encor parsemée de paillettes,
elle revenait du Lido,
en métro ou en mobylette.

Elle allait en périphérie,
loin de la rampe et de ses feux,
où l'attendait, d'une autre vie,
l'ordinaire moins luxueux.

Elle assumait, près de Pontoise,
la famille et son quotidien,
les soucis de la vie bourgeoise
et promenait son petit chien.

Par une nuit de lune rousse,
un admirateur la suivit.
Elle l'entendit à ses trousses
et circula, mais rien n'y fit.

Sa moto était trop puissante,
son désir était trop ardent,
sa manière était si prenante
(car il avait le mors aux dents),

qu'elle accepta de le revoir
une fois, mais discrètement,
pour l'éconduire, et juste un soir,
puis, de jour, mais honnêtement.

Il arriva vêtu de cuir
et parsemé de clous gothiques,
mais il était trop tard pour fuir.
En plus, il était sympathique.

Dans un bar, il la menaça
de révéler sa double vie.
Par son audace, il fracassa
sa coquille d'hypocrisie.

Désormais sans ôter ses plumes
et le derrière encore à l'air,
les seins pailletés, elle assume
d'enfourcher son cheval de fer.

Laissant tomber les apparences,
les petits fours, les apéros,
elle a choisi la cohérence
et ne rentre plus en métro.

Si vous rencontrez à l'orée
d'une banlieue près de Paris
toute sa famille éplorée,
c'est qu'elle a lâché son mari

Elle est danseuse pour de vrai
et ne quitte jamais ses plumes
C'est le théâtre qui lui plaît
et elle en garde le costume.

Elle existe pour qu'on l'admire,
pour les désirs des spectateurs,
pour les fantasmes qu'elle inspire
à ses nombreux admirateurs.

Pour eux, c'est mieux avec des plumes.
Elle a choisi la vérité
des yeux brûlants qui la consument
dans le strass et la nudité.

La solution

Il n'avait pour l'espèce humaine
que du mépris et de la haine,
depuis qu'un reptile en jupons
l'avait plumé comme un pigeon.

Elle était dans l'indifférence
qui suit l'excès de la souffrance,
ayant perdu son seul soutien,
pacsé avec un Brésilien.

Ils se connurent sur un site
de rencontre très exigeant.
C'est ainsi qu'on résout très vite
aujourd'hui les ennuis des gens.

**Ballade à Clémence Isaure
dans le style de Maître François**

Je sais que tu n'existes pas,
mais l'existence en soi est vaine :
les images les moins certaines
séduisent plus par leurs appas.
On dit que Flora, la Romaine,
célèbre pour son joli cul
et pour son teint de porcelaine,
sur terre n'a jamais vécu.

On dit que les beautés lointaines
telles la reine de Saba,
ou bien Circé, magiciennes,
ont plus de pouvoir ici-bas.
Et parmi celles qui déchaînent
les querelles, j'ai toujours cru
qu'une certaine Belle Hélène
sur terre n'a jamais vécu.

Si les hommes, à perdre haleine,
vers l'inconnu pressent le pas,
Dame Clémence, en ce domaine,
de toi je fais bien plus de cas.
Pourquoi quérir à grande peine
par les chemins les plus ardus ?
La plus vilaine des sirènes
sur terre n'a jamais vécu.

Princesse avisée, souveraine
de Cocagne, tu apparus,
car l'idéal, pour l'âme humaine,
sur terre n'a jamais vécu.

Nungesser et Coli

Où sont-ils ces héros de l'air,
dont les vies n'étaient qu'un roman,
Les Mermoz et les Guynemer
dans leurs avions brinquebalants ?
De leur panache ils étaient fiers.
Où sont-ils, ces guerriers d'antan,
ces braves au sourire amer ?
Où est-il tombé, l'Oiseau Blanc ?

Toujours vainqueurs, toujours galants,
prenant le destin à revers,
où sont-ils, avec leurs biplans
qui affrontèrent monts et mers ?
Les stars dont ils étaient amants
sourient dans les photos d'hier.
Où sont-ils leurs chevaux de fer ?
Où est-il tombé, l'Oiseau Blanc ?

Deux hussards de la Grande Guerre
partaient au combat en gants blancs,
vêtus de cuir et légendaires.
Ces preux, qui nous séduisaient tant,
seront-ils morts près de Saint Pierre
et Miquelon ? Sait-on comment
finit leur course suicidaire ?
Où est-il tombé, l'Oiseau Blanc ?

Prince, où sont ces engins volants
qui traversèrent les déserts,
pour le courrier vivant l'enfer ?
Où est-il tombé, l'Oiseau Blanc ?

La seule issue

Echapper à la fin cosmique
qui menace l'humanité
et aux désastres climatiques
que son orgueil a suscités,

trouver la voie scientifique
qui mène à l'immortalité,
un chemin vers l'éternité
pour fuir la fin cataclysmique

nous oblige, enfants de Babel,
à plonger dans la nuit du ciel
pour être multiplanétaires.

Il faudra suivre ce chemin
pour assurer les lendemains
de notre espèce suicidaire.

Notre demeure

La terre inconnue où nous sommes
n'est qu'un endroit perdu, au mieux :
un grain de sable dans les cieux,
et l'étrange bête qu'est l'homme

n'a pas de quoi faire d'envieux.
Qui nous chercherait ? L'astronome,
qui verrait la petite pomme
qu'est la nôtre, aurait-il un dieu

lui aussi fait à son image,
universel, puissant et sage,
qui le détournerait de nous,

qui lui dirait : – Dans les espaces,
nous sommes seuls. Il serait fou
de ne pas rester à sa place ?

Le temps physique

Par bonheur, il n'est pas quantique,
le Temps, mais coule sagement,
depuis les temps les plus antiques,
dans notre coin du firmament.

Par chance, il est resté classique
et nous laisse dans l'illusion
que, depuis les temps jurassiques,
il s'écoule sans confusion,

sans modifier l'ordre des choses,
sans perturber l'ordre établi,
ni l'ordre dans lequel les roses
fleuriront. Le Temps accomplit

ce miracle : Il reste lui-même
depuis toujours. Sans le savoir,
sans doute aussi c'est qu'il nous aime
en évitant tous les trous noirs.

Les temps malades

Les problèmes insoupçonnés
d'un temps cyclique, errant sans âge,
immuable, mais sans ancrage,
loin des trous noirs abandonné,

d'un temps moderne, plus sauvage
relatif et désordonné,
d'un temps multiple, au feuilletage
plein d'univers désarçonnés ;

et puis ce temps noble et classique,
quand il savait encor couler
sans soubresauts, sans s'enrouler,

sans les hésitations quantiques,
comme un fleuve, qui dans sa course
aurait même oublié sa source.

Un temps évolutif et sage
reste à trouver, et c'est dommage.

Exegi monumentum ...

contre Horace

Je l'ai construit, ce monument.
Il domine un château de sable ;
seulement un soupçon de vent
le renverse. C'est lamentable,
mais l'humain est plus émouvant
que les édifices durables,
et la suite infinie des temps
balaye tout. C'est éprouvant.
Je le reconstruis comme avant,
mais sa fin est inexorable.

J'ai édifié un monument
dont nul ne sait s'il est durable,
puisqu'il est fait d'air et de vent
et qu'il repose sur le sable.
De le voir aussi chancelant,
parfois le désespoir m'accable,
mais l'humain dure plus longtemps
que ces bâtiments lamentables,
faits de béton et de ciment,
dont la fin est inexorable.

J'ai érigé ce monument
dont l'équilibre est très instable.
Il tient miraculeusement,
comme ferait un grain de sable
dans les rouages du présent.
Sa fin est-elle inévitable ?
Très humblement, je ne prétends
pas forcément qu'il soit durable.
Il faudrait qu'il résiste au vent
de l'érosion inexorable.

Lecteur, aies de ce monument
soin : tu en seras responsable.
Le désert peut à tout moment
l'engloutir sous un vent de sable,
car l'œuvre humaine est périssable.
Aide-moi, qu'elle échappe un temps
à ce destin inexorable.

Meine schöne Müllerin
Double sonnet sur les mêmes rimes
à Madame Belkacem

Nous avons découvert la théorie des genres
auprès de son moulin, où est le pont du gué.
Ce n'était pas tendance alors d'être uni-genre.
Sur des fleuves d'amour nous avons navigué.

Hermès et Aphrodite, émus, se sont ligués.
Elle a pris mes habits, dans un élan transgenre ;
j'ai enfilé sa robe et ses airs de sous-genre,
pendant que son meunier s'endormait, fatigué.

Sous ma jupe en jouant, elle a glissé la main,
donnant à nos ébats plus de zeste et de style :
nous avons exploré les désirs de demain.

Il a du grain à moudre à nouveau, le moulin.
Désormais la meunière aura l'air plus malin
et ne languira plus en rêvant à la ville.

Son corsage ajouré, je le mettrai demain.
De Sodome ou Gomorrhe, il faut choisir le style
pour mieux encourager les vilains jeux de mains.

Je mettrai son chapeau pour aller au moulin
et je lui parlerai des détours du Malin,
des malhonnêtetés de ces gens de la ville,

de leur perversité, de ce nouveau sous-genre
ambigu dans lequel, hélas, j'ai navigué.
Je connais ses démons. Il seront tous ligués
pour éveiller en elle une pulsion transgenre.

Si je lui dis que Bien et Mal sont uni-genre
et que, dans son moulin, où est le pont du gué,
elle n'a qu'à quitter son meunier fatigué
pour adopter enfin la théorie des genres.

L'ultime rose

Je suis cette célèbre rose,
dont on a dit qu'à peine éclose
en quelques heures surannée,
elle serait bientôt fanée.

En plus, je serai la dernière
de mon espèce, condamnée
à disparaître de la terre
– cette planète où je suis née –

car le mildiou, la tache noire,
les araignées, la pollution
ont eu raison de nous. L'histoire
datera ma disparition.

En poésie, j'étais notoire
et j'avais même une mission
auprès d'un amant, l'ambition
étant de hâter sa victoire.

Si mes pétales ont des rides,
la faute en est aux pesticides,
car autrefois, j'étais parfaite,
au point de plaire aux grands poètes.

Je fus la fleur de la conquête
de toutes les virginités
et, depuis une éternité,
j'aidais les amants dans leur quête.

Mais désormais, ce sont les dames
qui deviennent les plus durables
et les roses, méconnaissables,
sont flétries bien avant les femmes.

Dites adieu à l'églantine
empoisonnée – c'était ma sœur –
une rose un peu enfantine
et qui était privée de cœur.

Malgré cela – j'en suis chagrine –
le Temps l'a emportée. Je meurs.
J'irai au paradis des fleurs
renaître en rose sans épines.

Sans jardins votre fin est proche :
vos bétons, votre vanité,
votre amour pour les plantes moches
qui nourrissent l'humanité,

votre course à l'utilitaire
vous condamnent à votre tour
à vous noyer dans l'ordinaire
d'une planète sans amour.

La mauvaise herbe et l'ambroisie
résisteront sur les chemins,
mais les fleurs de la poésie
sont des plantes sans lendemain.

L'œil de basilic

Il est l'homme venu d'ailleurs,
de la vallée des temps meilleurs,
jadis voisine de la nôtre.

Il arpenta sur son cheval
nos forêts consacrées au Mal,
sans jamais vivre avec les autres.

Frères humains, vous vous trompez,
et même, vous la corrompez,
de ce héros, la belle histoire.

Il n'était pas indifférent.
Il croyait le défi plus grand.
Il ne vivait que pour la gloire.

Il s'aperçut que la Princesse,
liée au Dragon par sa laisse,
n'était qu'un succube infernal.

Il mesura la petitesse
d'un Démon sans la moindre ivresse
dans le regard de l'animal.

L'égyptologue

    Les plus belles de vos images
    sur les autels, je les remets.
    L'humanité n'est pas plus sage
    aujourd'hui qu'elle fut jamais.

Je viens, après la vague des iconoclastes,
ramasser les statues perdues dans les déserts.
J'arpente un monde éteint. Je veille sous couvert
de science à sauver ce que le temps dévaste.

    La barbarie des incendiaires
    me fait moins peur que votre oubli,
    et l'usure des millénaires
    n'efface pas encor les plis

des draperies sculptées autour de vos idoles,
renversées nul ne sait pourquoi, même par qui.
Je les ai redressées, et des fragments exquis
je les ai rassemblés. Parfois, je les recolle.

    J'ai travaillé comme Sisyphe
    à rétablir le temps passé,
    déchiffrant les hiéroglyphes
    sur les tessons des pots cassés.

Ces restes du désastre au fond de vos mémoires,
en aviez-vous gardé le moindre souvenir ?
Avez-vous-même idée de ce que fut l'Histoire
que même ce musée ne fait pas revenir ?

Vous vous promenez sans comprendre
que le temps n'est pas l'ennemi.
Voyez ce qu'il vous a transmis :
Il vous suffisait de l'attendre.

L'ennemi, c'est l'humain ravageur, le sectaire,
qui veut toujours briser ce qu'il ne comprend pas.
Il pille ce qu'il croit aimer, et laisse à terre
le vestige essentiel qu'il foule sous ses pas.

à Turin 2010

**Tombeau d'un idéaliste colonial
dit *Godillot l'Africain***

*à mon oncle Robert de Guide
infirmier sur le fleuve Congo*

Il est mort en tombant d'un arbre
dans la forêt du Katanga.

Il rêvait d'inscrire aux droits de l'homme
celui de boire de l'eau propre
et de porter des chaussures.

Finale

Debout sur le fumier du monde, le Poète,
dressé sur ses ergots, chante la fin des temps,
se sachant seul à voir. Lui, le dernier prophète,

lèvera les rideaux d'ultimes lendemains.
Le poète a cessé d'être le trouble-fête,
car la fête est finie. Il va passer la main

aux fossoyeurs. En attendant, il s'émerveille.
Il avance tout seul sur la voie des Enfers,
si lisse et si tranquille. Il ne dort plus. Il veille

seulement sur la fin. Qu'elle soit digne! Il sert
ce qu'autrefois on appelait la Providence,
du temps où les humains aux dieux étaient ouverts.

Il veut que soit versée la dernière échéance,
dirait-on à présent, au Banquier du néant,
qui sut prêter au monde un moment d'existence

mais prétend maintenant retrouver son argent.
Debout sur le fumier, c'est encor le Poète
le plus honnête, à la façon des pauvres gens.

Index des Titres

Index des premiers vers

Fin

trouvez les livres de Chaunes sur
www.amazon.fr ou bien sur
www.chaunes-sylvoisal.eu